Silvia Schober

KRAFTQUELLEN

Die Texte in diesem Buch entsprechen der neuen Rechtschreibung.

1. Auflage 1997

CIP – Titelaufnahme der Deutschen Bibliothek
Kraftquellen
(Buch und CD)
Autorin: Silvia Schober
Umschlag und Illustrationen: Marie Blazejovsky
Lektorat: Dr. Irene Kunze
Satz: Zehetner Ges. m. b. H., A-2105 Oberrohrbach
Reihe: Die energetische Hausapotheke

ISBN 3-7004-3756-0

Silvia Schober

KRAFTQUELLEN

Eine Reise
in die eigene Mitte

Buch + CD

hpt

Zur CD KRAFTQUELLEN
von Silvia Schober

Auf der beiliegenden CD finden Sie vier Meditationen mit den entsprechenden Entspannungs- bzw. Energieübungen.
Bevor Sie diese CD anhören, empfiehlt es sich jedoch, sich in diesem Buch zu informieren.

Die Tracks der beiliegenden CD:

Track 1: Inhalt der CD
Track 2: Einleitung
Track 3: Übung zur 1. Meditation – **Ganzkörperentspannung**
Track 4: 1. Meditation: **„Die weiße Lichterkraft"**
Track 5: Übung zur 2. Meditation – **Schulterbereich**
Track 6: Übung zur 2. Meditation – **Stirnkontakt**
Track 7: 2. Meditation: **„Gedankenschiffe"**
Track 8: Übung zur 3. Meditation – **Aktive Muskelentspannung**
Track 9: 3. Meditation: **„Unendlichkeit des Seins"**
Track 10: Übung zur 4. Meditation – **Bauch- oder Vollatmung**
Track 11: 4. Meditation: **„Der Wasserfall"**

Sprecherin: Dagmar Kutzenberger
Musik: Benkö-Endrizzi
Spieldauer: 70 Minuten

INHALT

„Kraftquellen“ ist eine Kombination von Energieübungen – Konzentrierten Entspannungen – Meditationen . . . 11
Tipps für die Anwendung . . . 13
Tipps vor dem Üben . . . 13
Ein Märchen von heute . . . 15
Energieübungen und konzentrierte Entspannungstechniken . . . 18
Schulterheber – Schulterbereich . . . 20
Stirnkontakt . . . 23
Ganzkörperentspannung . . . 25
Aktive Muskelentspannung . . . 28
Bauch- oder Vollatmung . . . 31
Thymusklopfen . . . 32
Ohrenreflexe oder Denkmütze . . . 34
Reinigungsatmen und wechselseitige Nasenatmung . . . 36
Zwerchfellstärkung . . . 38
Energiegähnen . . . 40
Über die Autorin . . . 42

> „Wenn man die Ruhe nicht in sich selbst findet,
> ist es vergeblich, sie anderswo zu suchen“
> Francois de La Rochefoucauld

„KRAFTQUELLEN“
ist eine Kombination von Energieübungen – Konzentrierten Entspannungen – Meditationen

Diese Dreier-KOMBINATION bietet Ihnen innerhalb kurzer Zeit Möglichkeiten, wirkungsvoll

- Stress abzubauen
- blockierte Energien wieder freizusetzen
- die Lebenskräfte zu aktivieren

Die folgenden Übungen sind als Dreier-Kombination und auch als Einzelübungen jederzeit anwendbar.

1. Energieübungen

- Atemtechniken
- Balancen durch Berührung
- Meridianübungen

2. Konzentrierte Entspannungen

- anerkannte Selbsthilfemethoden
- wirkungsvolle Entspannungstechniken

3. Meditationen und Musik

- Farbenlehre
- Kreativbildliche Vorstellung
- Symbolsprache
- Aktivierung der rechten Gehirnhälfte

Diese Dreier-KOMBINATION hat ihren Ursprung in den Traditionen des Yoga und Ayurveda aus Indien und in den alten Heilmethoden des Fernen Ostens, im Tai Chi und der Meridianlehre.
Eine weitere wichtige Informationsquelle sind die neuesten Erkenntnisse über die *verschiedenen* Aufgabenbereiche unserer rechten und linken Gehirnhälfte in Verbindung mit:

- Konzentration
- Merkfähigkeit
- Lernerfolg
- den Muskelaktivitäten unseres Körpers
- der Stresseinwirkung auf den gesamten körperlichen und seelischen Bereich.

TIPPS für die Anwendung

Alle Energieübungen und Entspannungstechniken auf der beiligenden CD sind in diesem Buch genau beschrieben. Sie haben daher die Möglichkeiten, *alle* Übungen

- *jederzeit* und *einzeln* anzuwenden,
- entsprechend ihrem *Wirkungsbereich* selbständig auszuwählen,
- mit *jeder* Meditation abwechselnd zu *kombinieren,*
- als „Kraftquellen" – kennenzulernen, die Energie schenken und Ihre Lebensqualität verbessern.

Wichtiger Hinweis:
Bei gesundheitlichen Unklarheiten wenden Sie sich bitte an Ihren Arzt.

TIPPS vor dem Üben

- Trinken Sie vor dem Üben ein Glas Wasser.
- Üben Sie bitte in einem gut durchlüfteten Raum, am besten vor dem offenen Fenster.
- Manche Energieübungen entfalten ihre volle Wirkungskraft in sitzender Position, andere im Liegen. Ist es Ihnen nicht möglich eine dieser Stellungen einzunehmen, dann wechseln Sie bitte die Position.
- Bereiten Sie schon *vor* dem Üben eine bequeme

Unterlage für den Meditationsteil vor. Die bereits eingeleitete Entspannung wird dadurch beibehalten.

- Jeder Übungsteil (vor der Meditation) ist auf der CD durch einen *Gong* gekennzeichnet. Diese Übungen können von Ihnen beliebig ausgetauscht werden.
  Siehe Tipps für die Anwendung!

EIN VERTRAUTES DU: Ihrem „Körper“ und Ihrem „ganzen Wesen“ ist diese Form der Ansprache sehr vertraut. „Sie“ können dadurch besser erreicht werden, und die erwünschte Entspannung stellt sich rascher ein. In diesem Sinne wünsche ich Ihnen erholsame Stunden.

Ihre
Silvia Schober

Stress . . .
„Nicht die Zeit drängt, sondern der Mensch"
Werner Mitsch

EIN „MÄRCHEN" VON HEUTE

von Silvia Schober

Es war einmal . . . und das ist noch gar nicht lange her, da ging in einem großen „Reich" die Zeit verloren. Nicht auf einmal, nein. Sie schlich sich ganz langsam immer weiter davon. Zuerst bemerkten es die Menschen auch gar nicht, wie sich rundherum ihr ganzes „Reich" veränderte. Erst als sie immer mehr hasteten und eilten, wurden sie stutzig.

Nun waren die Menschen dort sehr klug, und so erfanden sie unzählige Maschinen für die viele Arbeit. Sie waren sich sicher, dadurch Zeit zu gewinnen. Aber es schien ein Zauberbann über ihrem „Reich" zu liegen, denn die Zeit wurde trotzdem immer weniger. Da beeilten sich viele Menschen, noch mehr Zeit einzusparen. Manche begannen jetzt schneller zu kochen, hastiger zu essen, kürzer zu

schlafen . . . und auch beim gemeinsamen Miteinander wurde oft Zeit gekürzt. So kam es, dass die Zeit zu einem ganz seltenen Luxusartikel wurde, und wollte man jemandem etwas Besonderes schenken, etwa zum Geburtstag, dann schenkte man ihm Zeit. War das dann eine Freude, vor allem für die Kinder!
Doch die Stunden, die Wochen, die Monate und die Jahre vergingen weiterhin wie im Fluge. Das ganze „Reich" veränderte sich immer mehr und mit ihm auch die Menschen. Manche hatten plötzlich Angst davor, zu schnell alt zu werden. Für diese Personen wurden Spezialkliniken gebaut, in denen sie um Jahre verjüngt wurden, und gegen ihre Ängste bekamen sie bunte Pillen zum Schlucken.
„Glückspillen" wurden sie genannt, weil sie die Probleme dieser Zeit und vieles mehr vergessen ließen.
Auch an Pflanzen und Lebensmitteln wurde experimentiert, und „Zeitstopper" für längere Haltbarkeit und Frische wurden getestet und ausprobiert.
Ja, die Menschen waren wirklich sehr ideenreich. Nur, die Zeit lief trotzdem immer schneller, und viele Menschen liefen schnell mit. Sie hofften, irgendwo „außerhalb ihres Reiches", der verlorenen Zeit zu begegnen. Viele von ihnen legten weite Reisen zurück, und so mancher ist auch heute noch unterwegs . . .
Doch nicht allen Leuten gefiel dieses Leben und dieses ständige Herumgehetze. Sie versuchten deshalb, „innerhalb ihres Reiches" die verlorene Zeit

wieder zu finden. Der Weg zu ihrem Ziel war manchmal steinig und müh*selig.* Doch sie erkannten bald, dass es *ihr* Weg war, und gingen deshalb unbeirrt weiter. Sie übten sich darin, wieder *aufmerksam* zu werden, die *kleinen Dinge* des Alltags zu *beachten* und füreinander da zu sein. Sie erinnerten sich an so vieles, das sie schon längst vergessen glaubten, und sie entdeckten auch wieder, wie es ist, mit dem Herzen zu sehen.
Und eines Tages öffnete sich vor ihren Augen eine weite, wunderschöne Welt voller Farben und Düfte. Voll Lachen und Freude, voll mit Wärme und Hoffnung.
Da wussten sie, nun war die Zeit zu ihnen zurückgekehrt.

„ENERGIEÜBUNGEN" und KONZENTRIERTE ENTSPANNUNGSTECHNIKEN VOR und NACH den MEDITATIONEN

VOR den Meditationen

1. Schulterheber (CD)
2. Ganzkörperentspannung (CD)
3. Stirnkontakt (CD)
4. Aktive Muskelentspannung (CD)
5. Bauch- oder Vollatmung (CD)

NACH den Meditationen

1. Energiegähnen
2. Zwerchfellstärkung
3. Reinigungsatmen und wechselseitige Nasenatmung
4. Ohrenreflex-Denkmütze
5. Thymusklopfen

An manchen Tagen kann es sehr schwierig sein, vom Alltag auszusteigen, alle Gedanken und Anstrengungen loszulassen und sich zu entspannen. So sehr wir uns gerade dann nach Ruhe sehnen, die innere Unruhe scheint uns übermächtig.

vorher – vor der Meditation ausgeführte Übungen

- reduzieren Stress,
- öffnen unsere Sinneskanäle,
- stimmen uns körperlich, geistig und seelisch ein auf die nachfolgende Meditation. Diese Übungen

können beliebig oft und jederzeit angewendet werden.

nachher – nach der Meditation ausgeführte Übungen

- aktivieren unseren gesamten Organismus,
- wecken uns auf und machen munter,
- schenken uns vitale Kraft.

Diese Übungen sollen nicht ausgeübt werden, wenn Sie nach der Meditation einschlafen möchten!

ENTSPANNEND – Schulterheber/Schulterbereich kombiniert mit Sitrnkontakt (S. 23)

Immer wiederkehrende oder andauernde Verspannungen im Schulter-Nackenbereich spiegeln oft sehr klar Ihren geistig-seelischen Hintergrund wider. Einige dieser wichtigen Themenbereiche beinhalten, z. B.

a) welche *Bürden* auf unseren Schultern lasten,
b) *wer* oder *was* uns frieren lässt,
c) *wer* oder *was* uns ängstigt,
d) *Kontrolle* gegenüber sich selbst und anderen.

Bewusste Entspannung des Schulterbereichs ist daher gleichzeitig eine Möglichkeit

- *Stress* abzubauen,
- *Ballast* abzuwerfen,
- *loszulassen.*

Ausübung (auf der CD 1. Übung vor der 2. Meditation):

Die Energieübung entfaltet ihre positive Wirkung am besten, wenn sie auf einem Sessel sitzend durchgeführt wird. Bei der Meditation kann in eine entspan-

nende Liegeposition gewechselt werden. Du sitzt mit gerade aufgerichteter Wirbelsäule, ohne dich dabei anzulehnen. Deine Beine stehen auf dem Boden. Beide Hände liegen auf deinen Oberschenkeln.
Schließe die Augen und fühle deine Lippen, die leicht aufeinander liegen. Spüre, wie beim Einatmen die Luft durch deine Nase in deinen Körper hineinströmt und beim Ausatmen durch deine leicht geöffneten Lippen wieder hinausfließt.
Konzentriere dich jetzt auf deine Schultern. Mit dem nächsten Ausatmen lass gleichzeitig beide Schultern los und nach unten sinken. Ausatmen, loslassen, und die Schultern sinken nach unten. Wiederhole diese Übung einige Male.
Lenke dann deine Aufmerksamkeit auf deinen rechten Arm. Hebe deine rechte Hand und bedecke mit den Fingern deine linke Schläfenseite. Ganz langsam, in Zeitlupentempo, ziehe nun diese Hand so weit nach rechts, bis die ausgestreckte Handfläche deine Stirn bedeckt. Hier lass deine Hand für einige Augenblicke ruhen. Atme dabei tief ein und aus.
Jetzt beweg deine rechte Hand langsam immer weiter nach rechts. Deine Finger gleiten über die rechte Schläfenseite bis zum Haaransatz. Dort angekommen, löst du deine Finger von der Schläfe und schüttelst deine rechte Hand sanft aus. Wiederhole diese Übung.
Beginn dabei wieder an der linken Schläfenseite;

lass deine Handfläche auf der Stirnmitte ruhen, ziehe weiter bis zur rechten Schläfe, bis zum Haaransatz. Schüttle deine rechte Hand leicht aus.
Wiederhole diese Übung so oft, bis es ganz still in dir geworden ist.

Hinweis: Wenn Sie Linkshänder sind, können Sie selbstverständlich den linken Arm und die linke Hand verwenden. Dies gilt für alle Übungen!

ENTSPANNEND – Stirnkontakt

Diese Übung verhilft zu einer *inneren Balance durch Berührung.* Die Stirn ist wie ein Bildschirm unserer *bewussten* Reaktionen und Handlungen. Alles was *gegenwärtig passiert,* läuft wie ein Film vorne im Stirnbereich ab (Vergangenheit/Hinterkopf). Durch Stress können einige dieser Gegenwarts-Funktionen ausgeschaltet werden. Wir handeln dann automatisch, unkonzentriert, langsam oder einfach kopflos. *Balancen durch Berührung* helfen uns

- gegenwärtig und ganz da zu sein,
- Stress abzubauen,
- konzentriert zu handeln,
- reaktionsschnell zu handeln,
- unseren aktiven Denkbereich einzuschalten.

Hinweis: Diese Übung soll, wenn es körperlich möglich ist, auf einem Sessel sitzend durchgeführt werden.

Ausübung (auf der CD 2. Übung vor der 2. Meditation):

Lenke deine Aufmerksamkeit zu deinem rechten Arm. Hebe deine rechte Hand und bedecke mit den

Fingern deine linke Schläfenseite. Ganz langsam, in Zeitlupentempo, ziehe nun diese Hand so weit nach rechts, bis die ausgestreckte Handfläche deine Stirn bedeckt. Hier lass deine Hand für einige Augenblikke ruhen, atme dabei tief ein und aus. Beobachte nun die Bilder vor deinem „inneren Auge“ und lass sie weiterziehen.
Jetzt bewege deine rechte Hand langsam immer weiter nach rechts. Deine Finger gleiten nun über die rechte Schläfenseite bis zum Haaransatz. Dort angekommen, löst du deine Finger von der Schläfe und schüttelst deine rechte Hand aus.
Wiederhole diese Übung. Beginn dabei wieder an der linken Schläfenseite. Lass deine Handfläche auf der Stirnmitte ruhen, ziehe weiter bis zur rechten Schläfe . . . bis zum Haaransatz. Schüttle deine rechte Hand leicht aus.
Wiederhole diese Übung so oft, bis es ganz still in dir geworden ist.

Hinweis: Wird diese Übung als Einzeltechnik durchgeführt, ist es vorteilhaft, zu Beginn einige Male tief auszuatmen.

ENTSPANNEND – Ganzkörperentspannung

Diese Übung ist eine muskulär entspannende Technik, die schrittweise einzelne Bereiche des Körpers (Arme, Beine . . .) anspricht und in der Folge den ganzen Körper entspannt. Dem Ausübenden ist es innerhalb kurzer Zeit möglich,

- seine Körpermuskulatur spürbar zu entspannen,
- durch Dauerstress verspannte Körperbereiche zu lockern,
- innere Ausgeglichenheit und Konzentration zu fördern.

Ausübung (auf der CD Übung vor der 1. Meditation):

Leg dich bequem auf den Rücken. Die Arme liegen seitlich vom Körper, die Beine sind nebeneinander ausgestreckt. Schließ deine Augen und fühle, wie deine Lippen leicht aufeinander liegen. Nun konzentriere dich auf deinen Körper. Mit jedem Atemzug kannst du seine Schwere spüren und du fühlst auch die Unterlage, die dich trägt.
Lenke jetzt deine Aufmerksamkeit auf dein rechtes Bein. Stell deinen rechten Fuß auf und ziehe ihn so nahe als möglich zu deinem Gesäß. Nun atme kräftig durch den Mund aus und lass gleichzeitig deinen

Fuß ausgestreckt nach vorne rutschen. Wiederhole diese Übung. Rechten Fuß anziehen, ausatmen und dabei nach vorne rutschen. Einige Atemzüge lang fühle nun ganz bewusst dein rechtes Bein.
Jetzt konzentriere dich auf dein linkes Bein. Stell deinen linken Fuß auf und ziehe ihn bis zu deinem Gesäß. Mit einem kräftigen Ausatmen lass ihn nach vorne rutschen. Dasselbe gleich noch einmal: Das Bein anziehen bis zum Gesäß, kräftig ausatmen, der Fuß rutscht dabei wieder auf die Unterlage zurück. Nun horch einige Augenblicke in dein linkes Bein hinein.
Jetzt ziehe beide Beine gleichzeitig an dein Gesäß. Während du kräftig ausatmest, rutschen beide Füße wieder auf die Unterlage. Wiederhole die Übung: Beide Beine aufstellen, kräftig ausatmen, die Füße rutschen dabei nach vorne.
Was fühlst du nun in beiden Beinen? Horch in dich hinein.
Konzentriere dich jetzt auf deinen rechten Arm. Stell ihn so auf, dass dabei der Ellbogen auf der Unterlage liegen bleibt. Atme nun kräftig durch den Mund aus und lass dabei den Arm auf die Unterlage zurückfallen. Wiederhole diese Armbewegung noch einmal: den rechten Arm aufstellen, ausatmen und loslassen. Spüre nun das Gefühl in diesem Arm.
Jetzt widme deine Aufmerksamkeit dem linken Arm: aufstellen, ausatmen und fallen lassen. Gleich noch einmal: Stell deinen linken Arm auf und lass ihn mit

dem nächsten Ausatmen los. Fühle nun ganz bewusst, was du in diesem Arm spürst.
Stell nun beide Arme auf. Begleitet von einem kräftigen Ausatmen fallen beide Arme wieder auf die Unterlage zurück. Wiederhole auch diese Übung: beide Arme aufstellen, ausatmen und dabei fallen lassen. Dein Körper ruht nun wieder auf seiner Unterlage, und alles, was zuvor noch schwer war, ist jetzt ganz leicht geworden. Gib dich diesem Gefühl hin.

ENTSPANNEND – Aktive Muskelentspannung

Diese aktive Muskelentspannung wird auch „Progressive Relaxation“ genannt. Sie zählt zu den am häufigsten angewendeten Entspannungstechniken. Bei dieser Methode spannt der Ausübende verschiedene Körpermuskeln an, hält diese Spannung für kurze Zeit und entspannt schließlich wieder. Dabei wird vom Übenden *bewusst* das Gefühl zwischen Anspannung und Entspannung wahrgenommen. Durch diese Technik

- wird das Körperbewusstsein trainiert,
- werden Muskelverkrampfungen wahrgenommen und gelöst,
- werden nervöse Spannungen abgebaut.

Hinweis:

- Üben Sie nur mit schmerzfreien Körperbereichen.
- Steigern Sie den Grad der Anspannung so weit, dass Sie sich noch wohl fühlen.
- Wenn Sie Gebissträger sind, achten Sie darauf bei der Anspannung; ebenso bei Problemen mit der Wirbelsäule.
- Fühlen Sie sich sehr verspannt, probieren Sie am Anfang vielleicht nur einen Teil dieses Programms (Arme oder Beine) und steigern nach Bedarf.

Ausübung (auf der CD Übung vor der 3. Meditation):

Leg dich bequem auf den Rücken, die Beine sind ausgestreckt, die Arme liegen neben dem Körper. Schließ deine Augen und beobachte deinen Atemrhythmus.
Lenk nun deine Aufmerksamkeit auf deine Füße. Spann die Füße an, so sehr du kannst. Spüre diese Anspannung in deinen Zehen, den Unterschenkeln und den Oberschenkeln. Spüre, wie alles hart und fest wird. Bleib in dieser Anspannung, solange es dir angenehm ist.
Lass dann in einem einzigen Moment los. Spüre nun bewusst das Gefühl in deinen Beinen und in deinem Körper (einige Atemzüge lang).
Lenk nun deine Aufmerksamkeit auf deine Hände. Spann deine Hände so fest an, wie du kannst. Die Unterarme werden dabei steif bis zu den Ellbogen, bis zu den Schultern.
Lass diese Spannung wieder in einem einzigen Moment los. Spüre nun deine Arme, deine Schultern, deinen Körper – einige Atemzüge lang.
Widme dich jetzt deinem Bauch und dem Becken. Spann die dortigen Muskeln (Becken, Genitialbereich, Gesäß) fest an und halte diese Spannung kurze Zeit. Lass in einem einzigen Moment alle Spannung los. Fühle dein Bauch- und Beckenzentrum, deinen ganzen Körper für – einige Atemzüge.

Wende dich nun dem Kopfbereich zu. Spann alle Muskeln in deinem Gesicht an (Gebiss!) Spüre die Spannung bis zu deinen Halsmuskeln, den Schultern, der Brust. Halte die Spannung. solange es dir möglich ist.
Lass in einem einzigen Moment los. Fühle nun deinen ganzen Körper. Spüre deinen ruhigen, gleichmäßigen Atem.

Hinweis: Um wieder richtig munter zu werden, ballen Sie kurz Ihre Hände zu Fäusten, dehnen und strekken Sie Ihren ganzen Körper und atmen Sie dabei tief ein und aus.

ENTSPANNEND – Bauchatmung oder Vollatmung

Diese Atemtechnik kann in liegender oder sitzender Position ausgeführt werden. Bei dieser Übung werden die Lungen weitgehend geleert und mit frischem Sauerstoff gefüllt (offenes Fenster!). Dadurch

- wird der Stoffwechsel angeregt,
- werden die inneren Organe massiert (Zwerchfell) und besser durchblutet,
- wird das Nervensystem beruhigt,
- wird die Herztätigkeit unterstützt,
- wird das Immunsystem gestärkt.

Ausübung (auf der CD Übung vor der 4. Meditation):

Leg dich auf den Rücken, die Beine werden gerade ausgestreckt oder bei einem starken Hohlkreuz aufgestellt. Leg beide Hände auf den Bauch. Atme während dieser Übung durch die Nase. Beginn mit einem tiefen Ausatmen. Lass dann die Luft langsam durch die Nase wieder einströmen; dabei hebt sich der Bauch unter deinen Händen. Die folgende Ausatmung dauert doppelt so lange; dabei senkt sich der Bauch. Warte auf den selbstständigen Einatmungsreflex und achte darauf, die Luft bis in den Bauchraum hineinströmen zu lassen. Wiederhole diese Übung 10- bis 15-mal.

AKTIVIEREND – Thymusklopfen

Die Thymusdrüse ist ein wichtiger Bestandteil des Immunsystems und das erste Organ im Körper, das auf Stress sofort reagiert. Der Thymus ist bis zum Ende der Pubertät eine Wachstumsdrüse und produziert noch bis ins hohe Alter Hormone. Die Thymusaktivität spielt eine entscheidende Rolle bei der

- Linderung von Stress,
- Körperabwehr von schweren Infekten und Krebs,
- Stärkung der Lebensenergie.

Ausübung:

Mit der flachen Hand täglich 10- bis 15-mal auf den oberen Brustbereich klopfen.

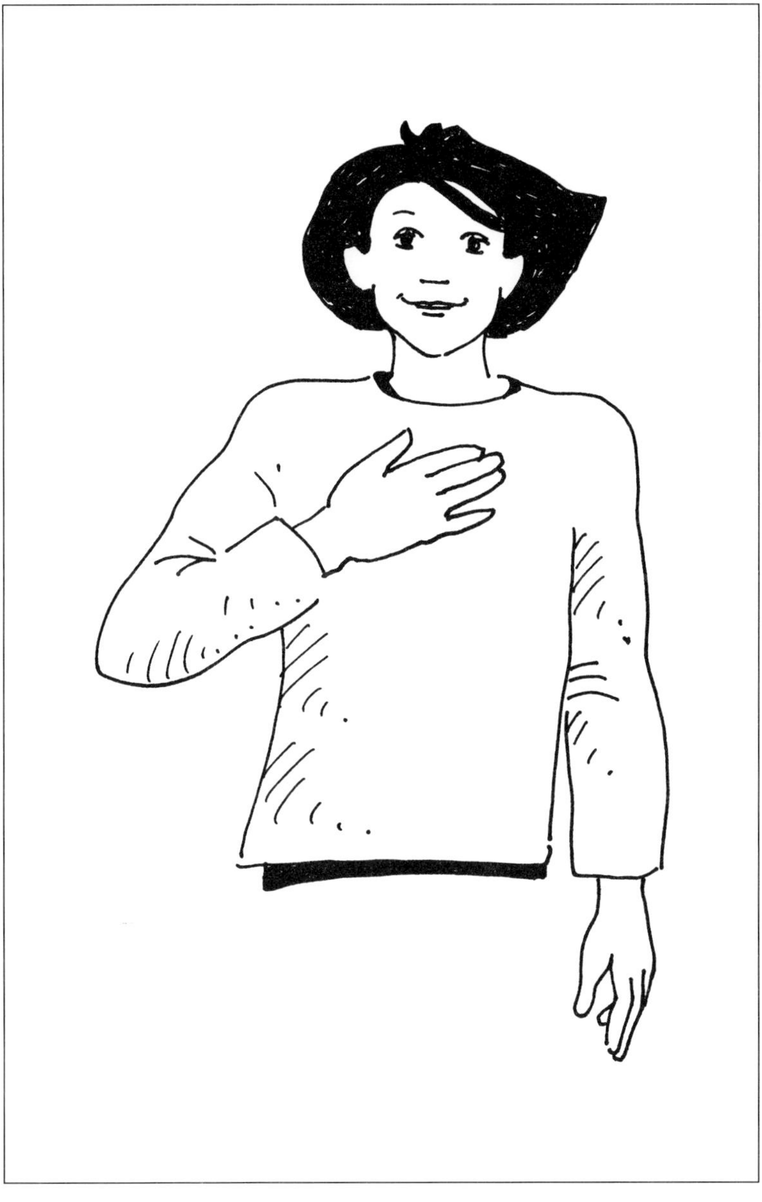

AKTIVIEREND – Ohrenreflexe oder Denkmütze

Bereits in alten vorchristlichen Kulturen kannte man den energetischen Zusammenhang zwischen den Ohren und dem Körper. Zur Stimulation der Sexualität wurde daher auch das Ohrläppchen (Beckenreflexpunkt) durchstochen.
Das Ohr ist die Miniversion unseres gesamten Körpers, einschließlich unserer Gehirntätigkeit. Stimulieren wir Bereiche unserer Ohren, so schaffen wir dadurch eine Verbindung zu verschiedenen Körperbereichen, schalten diese ein und verbessern dadurch

- die Konzentration,
- die Hörwahrnehmung,
- die Verdauung,
- den Energiefluss unseres Körpers.

Ausübung:

Massiere sanft mit deinen Fingern den gesamten Ohrbereich. Streiche die Ohrmuscheln von oben nach unten aus, zupf am Ohrläppchen und aktiviere auch das Hautfältchen im inneren Ohrenbereich.
Hinweis: Bei dieser Übung wird oft der Gähnreflex eingeschaltet. Nicht unterdrücken! Wirkt sehr beruhigend und harmonisiert.

AKTIVIEREND – Reinigungsatmen und wechselseitige Nasenatmung

Rechtes Nasenloch – aktivierende Seite (Yang)
Linkes Nasenloch – beruhigende Seite (Ying)

- entspannt das gesamte Nervensystem,
- reinigt Nasennebenhöhlen- und Stirnbereich,
- aktiviert beide Gehirnhälften,
- verhilft „Morgenmuffeln“ zu einem klaren Kopf.

Ausübung:

Reinigungsatmen: Der Daumen der rechten Hand hält das rechte Nasenloch zu. Einatmen und mit geschlossenem Mund die Luft kräftig durch das linke Nasenloch ausstoßen. Daumen lösen. Nun hält der Daumen der linken Hand das linke Nasenloch zu. Einatmen und mit geschlossenem Mund die Luft kräftig durch das rechte Nasenloch ausstoßen. Daumen lösen. 3- bis 5-mal wechselseitig wiederholen.
Wechselseitige Nasenatmung: Der Daumen der rechten Hand hält das rechte Nasenloch zu. Durch das linke Nasenloch geichmäßig aus- und einatmen. Daumen lösen und gleichzeitig mit Zeige- und Mittelfinger der rechten Hand das linke Nasenloch zuhalten. Aus- und einatmen durch das rechte Nasenloch. 3- bis 5-mal wechselseitig wiederholen.

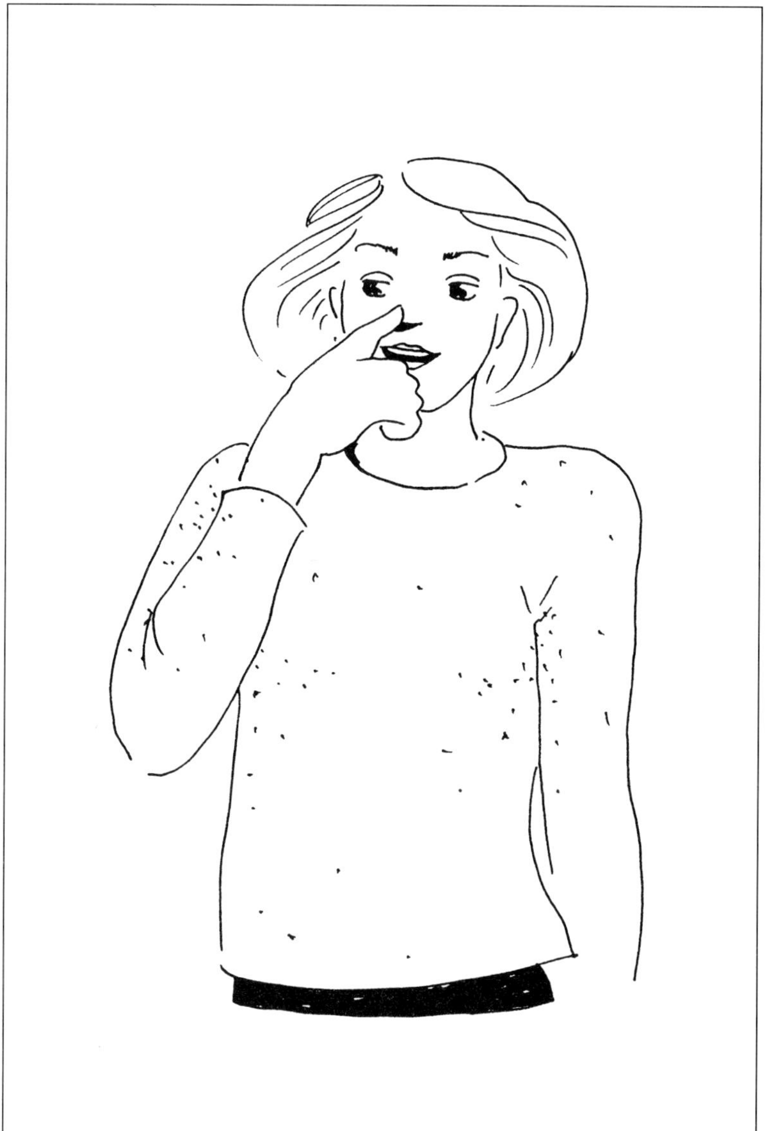

AKTIVIEREND – Zwerchfellstärkung

- Abbau innerer Anspannungen,
- Befreiung von emotionalem Stress,
- Erweiterung des Atemvolumens,
- Stärkung des Zwerchfells,
- Aktivierung des gesamten Blutkreislaufs durch vermehrte Sauerstoffzufuhr.

Ausübung:

Im Stehen leg beide Hände flach auf den Bereich des Oberbauches, während beide Daumen die unteren Rippen berühren. Spür jetzt einige Atemzüge lang deinen Atemrhythmus. Atme anschließend tief ein und halte den Atem kurz an. Fühle mit den Fingerspitzen deinen Oberbauch, der sich jetzt sanft unter deinen Händen wölbt. Tief ausatmen und die Restluft durch kräftiges Einziehen des Bauches herauspressen. Einatmen und dabei den Oberbauch unter den Händen „wachsen" lassen. Den Atem kurz anhalten. Mit den Fingerspitzen den Oberbauch fühlen, der sich sanft wölbt. Tief ausatmen und die Restluft durch kräftiges Einziehen des Bauches herauspressen.
Wiederhole die Übung 3- bis 5-mal.

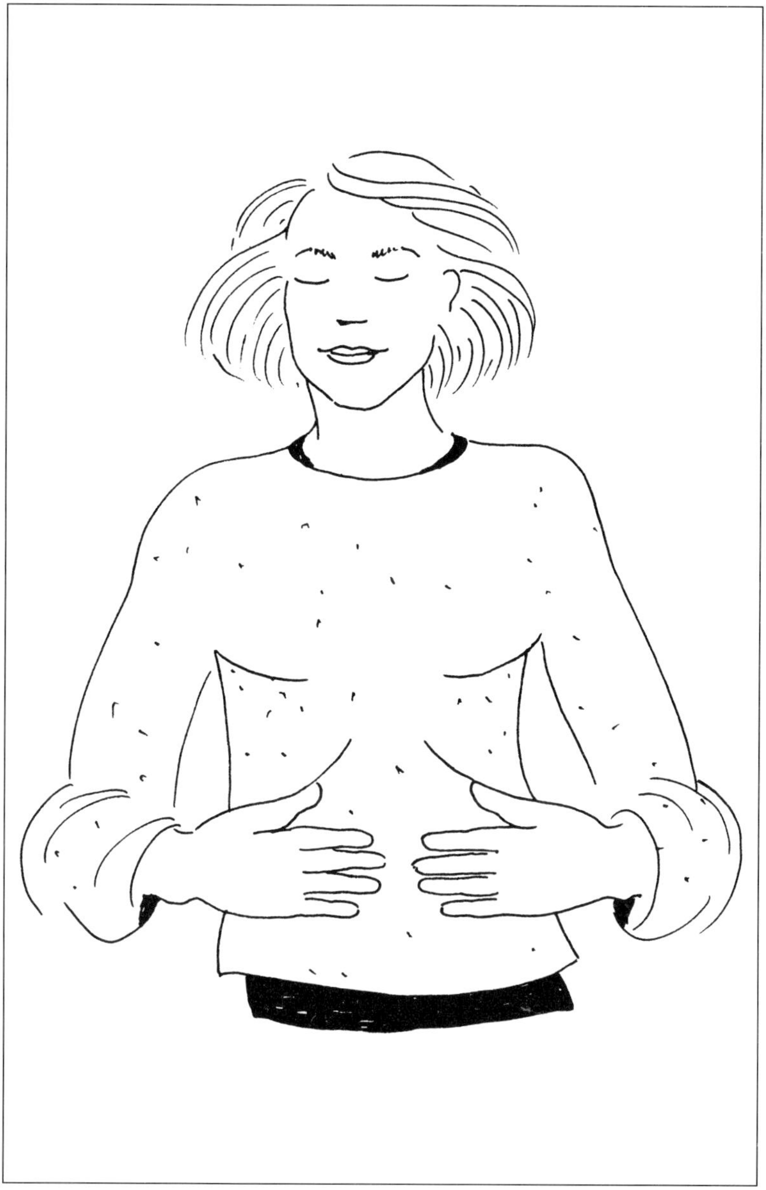

AKTIVIEREND – Energiegähnen

Der ganze Kieferbereich ist ein dichtes Netzwerk aus feinsten Nerven. Dauerstress, der uns immer wieder, meist unbewusst, die Zähne zusammenbeißen lässt, drückt oft mit enormer Kraft auf unser Kiefer. Starke Verspannungen bis in den Kopfbereich können die Folge sein.
Energiegähnen verhilft uns zu

- Entspannung im gesamten Kopfbereich,
- vermehrter Sauerstoffaufnahme,
- Massage vieler Muskel- und Gelenksbereiche.

Ausübung:

Öffne den Mund so weit, dass du einige Male kräftig ein- und ausatmen kannst. Dabei stellt sich automatisch ein Gähnreflex ein. Übe einige Atemzüge lang. Gähn so lange und ausgiebig wie du möchtest. Um Verspannungen zu lösen, massiere mit den Fingerspitzen sanft den gesamten Kaumuskelbereich.

Hinweis: Ist die Übung beendet, können Sie mit Ihren Fingerspitzen leicht den gesamten Gesichtsbereich abklopfen.

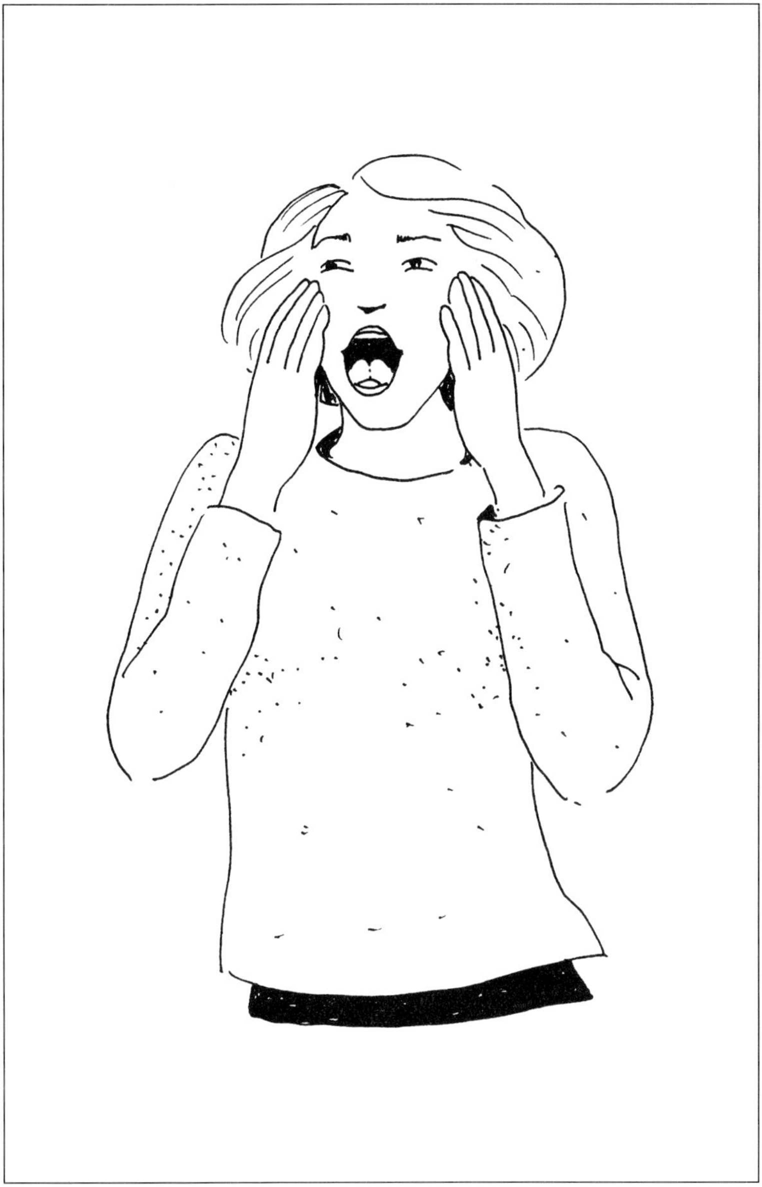

ÜBER DIE AUTORIN

Silvia Schober

geboren 1957 in Oberösterreich, lebt in Linz; verheiratet, drei Kinder.

Nach schwerer Erkrankung Auseinandersetzung mit alternativen Heilmethoden und folgende Ausbildungen: Shiatsu, Reiki-Lehrerin, Kinesiologin. Erfahrung und langjährige Tätigkeit im Meditationsbereich und mit Tarot. Derzeitige Arbeitsbereiche: Aus- und Fortbildung für Erwachsene, Vorträge, Lernberatung. Zur Zeit beschäftigt in verschiedenen Volkshochschulen, im Verein für Prophylaktische Gesundheitsarbeit, Seminarzentren und im Berufsförderungsinstitut Oberösterreich.

AUSKUNFT ÜBER SEMINARE

Die Autorin dieses Buches & der MC bietet verschiedene Kurse und Seminare für Kinder und Erwachsene an.
Auskunft darüber erhalten Sie unter:
Silvia Schober
Schließfach Nr. 207, 4020 Linz/Donau

In der Reihe „DIE ENERGETISCHE HAUSAPOTHEKE“ sind bisher erschienen:

Kim da Silva/Do-Ri Rydl

Energie durch Bewegung

Kinesiologische Übungen für die ganze Familie
Die Übungen helfen
- klarer zu denken
- stressfrei zu lernen und zu arbeiten
- die Gesundheit zu stabilisieren u. v. m.

ISBN 3-7004-0975-3

Das Video ENERGIE DURCH BEWEGUNG zeigt den praktischen Teil der Kinesiologie und enthält die 33 Basisübungen aus der EDU-Kinesthetik.
ISBN 3-7004-3600-9

Wolfgang Worliczek/
Christine Sluga

Leben ohne Streß

Wege und Übungen zur Entspannung aus dem Bereich der Kinesiologie, der Akupunktmassage, der Bachblüten, der Edelsteine u. v. m.
ISBN 3-7004-0976-1

Hademar Bankhofer/
Ernst Tumpold

Das Leben fängt mit 50 an

Aus einer bunten Palette von Übungen aus östlichen und westlichen Quellen, persönlichen Reflexionen und einfachen Tricks und Tips für die Gesundheit in der zweiten Lebenshälfte können Sie jene Ratschläge wählen, die gerade zu Ihrer Gemütsverfassung passen.

ISBN 3-7004-0988-5

Dr. Karl Gartner

Asiatische Gymnastik

- mehr körperliche Spannkraft
- mehr seelische Ausgeglichenheit
- mehr geistige Konzentrationsfähigkeit

durch die drei Übungsprogramme:
Das Sonnengebet – Die Übungen der Tibeter – Kung Fu

ISBN 3-7004-3601-7

Das Video ASIATISCHE GYMNASTIK zeigt alle Übungen Schritt-für-Schritt und macht Sie in nur 20 Minuten fit für den ganzen Tag.

ISBN 3-7004-3602-5

Christine Koenigstein

Bewußte Gesundheit durch QI GONG

Durch das Erlernen einer kräftesparenden Körperhaltung, bewußte Bewegungsübungen werden verschiedene Körperfunktionen ins Gleichgewicht gebracht und die körpereigenen Selbstheilungskräfte aktiviert.

ISBN 3-7004-0987-7

Peter Zass

TAI-JI-QUAN
Eine Anleitung für Anfänger

Das Buch bietet in einer verständlichen „Schritt-für-Schritt"-Methode alle Informationen, um mit Tai-Ji-Quan die Lebensqualität wesentlich zu verbessern.

ISBN 3-7004-0685-1